Heyne Sammlerbibliothek

Herausgegeben
von Ulrich Klever

Die
Heyne Sammlerbibliothek
stellt reizvolle Sammelgebiete vor,
die verschiedenartigste
Objekte und Kuriositäten von
kulturhistorischem
wie ästhetischem Wert
umfassen.

Andreas & Angela Hopf

Liebig Bilder

Originalausgabe
Mit 302 Abbildungen

Heyne

Heyne Sammelbibliothek
Band 1

Wir danken Josef Diersen
und Paul Münster
für die freundliche Unterstützung.
Die abgebildeten Objekte
stammen aus der Sammlung Andreas & Angela Hopf.
Auf Seite 3 ist die Serie »Nationaltrachten« (Spielhagen Nr. 133c) von 1889 abgebildet. Der Umschlag zeigt »Kinderscenen 3« (106, 3) 1889.

Konzeption: Offizin Hopf & Partner
Umschlag: Zembsch' Werkstatt
Gestaltung und Produktion: Faktorei
Gesamtherstellung: Friedrich Pustet, Regensburg
Printed in Germany

ISBN 3–453–35301–3

Inhalt

Liebig Bilder – eine schöne und lehrreiche Sammlerleidenschaft

1. Sammelbilder

Justus von Liebig ist als großer Naturforscher ein Begriff – als Erfinder des Fleischextraktes ist er wohl weniger bekannt. Und doch ist es wahr: »Der Fleischextrakt, der vor allem durch die Sammelbilder berühmt wurde«, heißt es in einer alten Anzeige, die auch den Gelehrten Liebig herausstellt.

Reclame-Sammelbilder gibt es schon lange, nicht mehr feststellbar ist, wann und wo solche Bilder zuerst gedruckt wurden, wer sie zuerst ausgegeben hat. In den frühen dreißiger Jahren des 19. Jahrhunderts enthielten Schokoladenpackungen bereits aufgedruckte Serienbilder. 1860 brachte Stollwerck die »Bilder- und Photographie-Schokoladen«, die Bilder noch auf die Etiketten gedruckt, heraus. Die ersten selbständigen Bilder brachte die *Liebig Company Fray-Bentos,* Uruguay (gegründet 1865), im Jahre 1872 in Europa heraus. Die Zugaben sollten »Ansporn sein zum stetigen Verbrauch« und als »Anerkennung dienen für treue Kundschaft«. 1890 folgte die Schokoladenfirma Stollwerck mit ähnlich ästhetisch hochstehenden Bilderserien.

Von da an begann eine einzigartige, regelrechte Sammelbegeisterung. Viele hundert verschiedene Firmen brachten Reklame-Sammelbilder heraus, ob Stiefelwichse, Wäschebleiche, Schokolade, ob Zigarette, Hausmittel, Naphta-Seife usf. Was unsere Groß- und Urgroßeltern sammelten, als sie noch Kinder waren, hat bis heute seinen eigenartigen, populären Reiz behalten. Es waren die einzigen bunten Bilder für das Volk, das ja noch keine Illustrierte und vor allem kein Fernsehen hatte.

Zeitempfinden, Geschmack und Sentiment der jeweiligen Epoche waren in den Bildern eingefangen, die Bilder selber wurden von großen Künstlern, zum Teil nach eigens für diesen Zweck angefertigten Entwürfen, etwa von Max Liebermann, Franz von Lenbach, Adolf von Menzel, Richard Knötel, Otto Overbeck und anderen, gestaltet und jeweils die neuesten drucktechnischen und graphischen Verfahren angewendet. Prächtige Alben wurden herausgegeben. Aus der Sammelwut war eine regelrechte Sammel-Bilder-Industrie entstanden, die bis heute besteht (denkt man etwa an Poly- oder Penny-Punkte, mit denen man Sammelbilder und -alben bekommen kann). Zeitweise führten die kostbar hergestellten Serien (meist sieben- bis zwölffarbig) zu einem ruinösen Wettbewerb unter den Firmen.

Als erstes Unternehmen begann der Ullstein-Verlag illustrierte Zeitungsquittungen auszugeben. Die Firmen der Zigarettenindustrie, allen voran Reemtsma, entdeckten durch die Beigabe von Bilderschecks einen zusätzlichen Umsatz, eine interessante Kunden- bzw. Markenbindung. Allein Reemtsma brachte viele Millionen Alben heraus, druckte über zwölf Milliarden Reemtsmaschecks. Wer erinnert sich nicht an »die Zigarettenbilder«? Ein Volkssport war entstanden.

Am pfiffigsten waren vielleicht der Kuchenbäcker Franz Stollwerck und seine Erben. Briefmarkensammler, die sie waren, begriffen sie schnell, was in den Käufern vor sich ging, bald wollten diese gar nicht die Schokolade, sondern die Vollständigkeit in den Alben. Und pfiffig waren die Firmen allesamt. Sie druckten ganz unterschiedliche Auflagen der Bilder, machten einige Serien äußerst rar, damit die Vollständigkeit auf sich warten ließ. Das brachte damals Geld, und bringt heute dem Besitzer (solcher raren Bilder) ebenfalls Geld.

Doch mit Liebig hatte diese Bildersintflut begonnen, sie waren und sind bis heute die schönsten – und die erfolgreichsten.

Von 1872 an bis zum Beginn des Ersten Weltkrieges waren international bereits rund 1100 Serien erschienen, in Deutschland davon 900, rund 7000 Einzelbilder. Während des Weltkrieges wurde die Produktion gedrosselt, erlosch 1916 ganz, um zwischen 1918 und 1940 wieder voll aufzublühen. Allein in Italien wurden seit 1918 bis heute etwa 800 Serien aufgelegt – in der Qualität aber deutlich nachlassend.

Alles in allem sind seit 1872 fast 2000 verschiedene Serien mit meist sechs Liebig-Einzelbildern erschienen, da auch in vielen Sprachen. Der Liebig-Sammler Rudolf A. J. Ruths rechnet weiter: 12000 verschiedene Bilder dürften die Liebig Serien erreicht haben, rechnet man Sprachen und Varianten zusammen. Die Auflagen gehen wohl in die Milliarden.

2. Die Motive

Ähnlich der Bildpostkarte ist die Themenbreite total. Die künstlerische Ausstattung und der fundierte Text machen die Serien zu wertvollen Zeitdokumenten. Ihr kulturhistorischer Wert ist überhaupt noch gar nicht aufgearbeitet, geschweige denn gewürdigt worden.

Die dargestellten Motive, in ihrer unendlichen Vielfalt, gliedern sich in verschieden gewichtige Gruppen. Da gibt es das umfangreiche Gebiet *Illustre Leute:* Berühmte Frauen und Männer, Bildhauer, Dichter, Diplomaten, Fürsten, Gelehrte, Abenteurer und Seefahrer. Dann wohl: *Durch die weite Welt:* Bilder aus allen Ländern, Flüsse, Berge, Städte. In der Reihenfolge: *Beseelte Blumen, Vexier- und Rätselbilder, Zirkus Zauber Carneval* und vor allem Genre-*Kinderszenen*: Unsere lieben Kleinen. Danach halten sich die Themen, die wir im Inhaltsverzeichnis als Gliederung aufgenommen haben, in etwa die Waage.

3. Wissen ist Macht

Thematisch von mannigfaltiger Breite also, ganz gemäß dem Werbespruch der Firma Liebig: »Kinder sind wissensdurstig, sie quälen die Eltern mit tausend Fragen . . . Liebig Bilder: eine Fundgrube des Wissens . . .« Abhilfe schaffen den durch Wissensfragen gequälten Eltern, natürlich: die Liebig Bilder. Auf vielen doppelseitigen Anzeigen nimmt die Werbung für die Bilder die Hälfte des Platzes ein. Andere Anzeigen beginnen nicht mit dem Produkt Fleisch-Extrakt oder Brühwürfel, sondern mit der Erwähnung der Bilder. Wissen ist Macht . . .

Hatten die anderen Sammelbilder zuweilen einen reichlich patriotischen Charakter, Liebig hat sich in dieser Hinsicht eigentlich nie exponiert, auch nicht bei der Darstellung patriotischer Kriegsereignisse, kein trutziges Soldatenlied, keine »blutige Sühne für Versailles«, keine Jugendwehr. Allein die Serie *Was unsere Jugend alles betreibt* ging ein wenig in die Richtung: hier war Ertüchtigung, Lagerleben, Jungvolk, Flamme empor, »Froh nach kampfesheißer Fahrt, in der Landsknecht alter Art«. Ein erhobener Jungenarm und Uniform waren schon zu sehen. – Doch das blieb eine Ausnahme. Kein eigentlicher Sündenfall. Übrigens dürfte diese Serie zu den rarsten, begehrtesten überhaupt gehören – wenn auch gewiß nicht zu den schönsten.

4. Die Rückseite

Interessant ist auch ein Blick auf die Liebig Bilder-Rückseiten. Wir stützen uns hier auf den »Liebig-Bilder-Papst« Ruths, dessen

Genrebilder XIV (22A, f) 1878–83, ca. 1878

Sammlung von 400 Alben nach seinem Tode vor ein paar Jahren an das Altonaer Museum in Hamburg verkauft wurde, das übrigens auch die Sammlung Paul Münster (2000 Alben) kaufte. (Damit hat das *Internationale Sammelbilder-Archiv Altona* mit 2700 Alben von 400 verschiedenen Firmen die in Europa größte Sammlung. Allerdings liegen dort die Albenbestände ziemlich unbeachtet in den Kellerräumen.)

Eine Reihe von Liebig-Serien zeigt auf den Rückseiten bildliche Darstellungen der »Etablissements der Compagnie Liebig zu Fray-Bentos« (sieben deutsche Serien) und des »General-Depots der Compagnie Liebig in Antwerpen« (acht deutsche Serien).

Alle anderen Serien tragen deutlich den Text auf diesen Bild-Rückseiten meist in schwarzem Druck, teils auf getöntem Karton, teils mit beschreibendem Text zu den Vorderseiten, teils auch mit der Angabe von Rezepten.

Viele Serien zeigen auf einem Bild der jeweiligen Serie rückseitig den Schriftzug »JvLiebig«. Dann trägt dieses Bild immer den Hinweis auf »Fleisch-Pepton«, das ebenfalls von der Liebig-Compagnie hergestellt wurde. Wohl trägt aber eine Vielzahl von Liebig-Serien, die Reklame für »Fleisch-Pepton« machen, andererseits den Schriftzug »JvLiebig«. Die neueren Serien tragen diesen Schriftzug nicht mehr.

5. Liebig Bilder heute

Immer wieder kommen auch heute noch Liebig-Serien in vollständigen oder unvollständigen Alben, aber auch einzeln auf den Markt. Diese Serien sind nicht katalogisiert. Darunter Serien in vielen Sprachen, jeweils der Länder, für die die Serie herausgegeben worden ist. Liebig-Serien kamen übrigens nur in Europa heraus, insgesamt in vierzehn Sprachen. Es ist allerdings keine Serie in allen vierzehn Sprachen erschienen. »Bevor nun ein derartiges soeben erworbenes Konvolut daraufhin durchgesehen wird, ob die eine oder gar die andere Serie oder auch nur ein Einzel-Bild in die eigene Sammlung, als bisher noch fehlendes Bild übernommen werden kann, ist dieses Konvolut zu katalogisieren; eine Arbeit, die umso leichter ist, je größer die Vertrautheit mit Liebig-Serien nun einmal ist.« (Ruths)

6. Liebig-Kataloge

Seit der Jahrhundertwende sind eine Vielzahl von Liebig-Bilder-Katalogen herausgekommen. In Deutschland zunächst der »Liebig-Bilder-Catalog von F. Dreser, Hamburg«, erste Auflage 1894, zehnte Auflage 1903, mit den Nachträgen I bis IX für die Jahre 1903/04 bis 1911/12.

Dann 1929 »Liebig-Bilder-Katalog, Herausgegeben von H. Arnold u. O. Grundmann« (bis zur Serie Nr. 982, die 1929 erschien), und anschließend eine Neuauflage (1935), bis zur Serie Nr. 1063 (1934).

Zu diesem Katalog ist auch anschließend an die Serie Nr. 982 bis zur letzten in Deutschland erschienenen Serie Nr. 1138 noch eine Ergänzungs-Liste (als Privat-Druck von Paul Münster, Kiel) mit den Seitenzahlen 97, 97a, 97b und 97c erschienen. 1948 erschien die »Zweite, neu bearbeitete und erweiterte Auflage« als »Private Ausgabe«, der »I. Teil des Liebig-Bilder-Katalogs von H. Arnhold und G. Spielhagen« mit Angaben zu den in Deutschland in den Jahren von 1872 bis 1940 erschienenen 1138 Serien. Der »II. Teil«, der nur die Auslands-Serien enthalten sollte, ist nie erschienen.

»Liebig-Bilder-Sammler im Bundes-Gebiet dürften wohl ausnahmslos nur nach diesem letztgenannten Katalog sammeln und katalogisieren.« (Ruths)

Die Autoren haben sich bei der Angabe zu den einzelnen Bildern also an diesen Katalog gehalten (vgl. Bildunterschriften). Es gibt noch eine weitere Anzahl von internationalen Katalogen, die am Schluß des Buches aufgeführt sind.

Wie ein Liebig Bild entsteht (696 1, 3) 1906

7. Sammeln nach Motiven: Persönliches und Subjektives

Bei *jedem* Sammelgebiet stellt sich, ist man aus dem Anfangsstadium heraus, sehr rasch die Frage: *was* soll ich sammeln, denn eine Vollständigkeit ist wohl in keinem Bereich zu erreichen. Allenfalls, wenn über Generationen hinweg gesammelt wurde. Die Autoren wollten *Freude* an ihrer Sammlung haben, diese auch nicht nur, in Kästen vergraben, aufbewahren. Die Sammlung sollte leben – ein Rat, den wir nicht nur »Anfängern« mit auf den Weg geben möchten.

Wie ein Liebig Bild entsteht (696 4, 6) 1906

Wir haben uns für die Ordnung nach Motiven entschieden, wie wir sie im Inhaltsverzeichnis gruppiert haben, und die wir für eine weise Einschränkung halten, wenn Sammeln eine Freude bleiben und nicht zur Manie werden soll (Manie ist ohnehin genug dabei).

Wir sammeln übrigens Motive auch »querbeet«, da wir sehr viele Sammelgebiete haben. Vor allem haben wir die vielleicht größte lebendige Sammlung von Exlibris (der Gefahr des »Wustes« entgingen wir eben durch Auswahl nach Motiven.). Querbeet heißt also auch, daß man das Thema »Zirkus« zum Beispiel in allen verschiedenen Gebieten sammeln kann: als Motiv, als Exlibris, als Zinnfigur, Etikette usw.

Über einen sehr interessanten anderen Sammelaspekt berichtete Ruths: das Sammeln von Varianten.

8. Varianten

In der Erkenntnis, daß eine Vollständigkeit wohl nie zu erreichen ist, hatte Ruths sich auf das Sammeln von »Varianten« verlegt. Eine große Zahl von Liebig-Serien ist mit solchen Varianten erschienen.

Das sind z. B. Bilder, die rückseitig keinen Text tragen (teils kann der Text zu diesen Bildern auf den Bild-Vorderseiten ebenfalls fehlen). Über deren Sinn sind die Meinungen und Ansichten unterschiedlich. Fest steht allerdings, daß solche Bilder auch mit Fremd-Reklame-Aufdrucken existieren. Zu diesen Varianten gehören auch Bilder, die vorderseitig Fremd-Reklame-Aufdrucke tragen. Es gibt sogar Bilder, die vorder- und rückseitig Fremd-Reklame-Aufdrucke aufweisen. Sieben Serien haben rückseitig Ansichten der Fabrikations-Stätten der »Etablissements der Compagnie Liebig zu Fray-Bentos in Uruguay« und acht Serien die Ansichten der Fabrikationsstätten des »General-Depots der Compagnie Liebig in Antwerpen«. Unter diesen fünfzehn Liebig-Serien gibt es wiederum eine Serie, bei der zu jeder Bild-Vorderseite Bilder mit den sechs verschiedenen Bild-Rückseiten vorkommen.

Es gibt zumindest noch weitere neun Serien, die zu jeder einzelnen Bild-Vorderseite Bilder enthalten, die zu der jeweiligen Bild-Vorderseite Rückseiten mit sechs verschiedenen Texten aufweisen.

9. Fälschungen

Ruths erwähnte als Fachmann noch eine weitere Spezialität: Hat man als Liebig-Sammler einmal das Glück, alte Liebig-Bilder-Zeitschriften in die Hand zu bekommen, so trifft man auf Bezeichnungen wie »Original-Liebig-Bilder« und »Nicht-Original-Liebig-Bilder«. Nach Gründung der Firma Liebig ließ das Werk bei einer Vielzahl von Druckereien produzieren. Geschäftstüchtige Unternehmer lieferten die identischen Bilder mit verändertem Rückseiten-Text auch an andere Firmen. Solche Serien werden als »Nicht-Original-Liebig-Serien« bezeichnet. Wenn die jeweilige Druckerei Liebig-Serien ausschließlich nur für Liebig herstellte und die gleichen Bilder nicht an Firmen der unterschiedlichsten Sparten lieferte, so nennt man diese Serien »Original-Liebig-Serien«. Die »Nicht-Original-Liebig-Serie« *Wissenschaften* dürfte nicht nur der »Chocolaterie Poulain« besonders gut gefallen haben. Deren Konkurrenz, die »Compagnie Francaise« hat diese Serie gleichfalls übernommen. Dennoch, so Ruths, mag der »Compagnie Francaise« Herz und Gewissen geschlagen haben. Die Compagnie Francaise gab ebenso wie die »Chocolaterie Poulain« ihre Serie ohne die Liebig-Fleisch-Extrakt-Kruke heraus, druckte aber ihre eigene Firmenbezeichnung nicht an der oberen Bildkante ab, wie dies die »Chocolaterie Poulain« tat, ordnete vielmehr innerhalb des Bild-Rahmens in der linken oberen Bild-Ecke ein »Kästchen« an, das die Firmenbezeichnung »Chocolat de la Compagnie Francaise« trägt. Genau, wie auch bei der »Chocolat Poulain« ist natürlich die Liebig-Fleisch-Extrakt-Kruke nicht gezeigt, dafür figuriert an Stelle der Kruke ein für alle sechs Bilder wechselndes Ornament.

Kenner Ruths berichtet auch von »Nachdrucken« seltener und daher teurer Serien (Viktoria, Königin von England) und von Fälschungen durch andere Firmen (Linde: Kaffee und Puddingpulver, Pfeifer: Kaffee-Ersatz; Serie Menschenrassen). Allerdings waren diese Firmen schon damals so renommiert, daß diese Behauptung auf wackeligen Füßen steht, denn die Druckereien waren es oft, die den Firmen die Bilder zur Auswahl vorlegten. So mag es zu manchen ›Duplikaten‹ gekommen sein.

10. Liebig Bilder sammeln – gestern und heute

Die Bilder wurden zuerst vom Händler meist einzeln oder gelegentlich auch als Serie beim Kauf von Brühwürfeln oder Extrakt abgegeben; später lagen Gutscheine in drei verschiedenen Größen jedem Erzeugnis bei.

Für fünfzig Brühwürfel-Verpackungen erhielt man eine Serie. Doch bald verselbständigte sich ein regelrechter Bildermarkt: eigene Geschäfte handelten damit, es bildeten sich Sammler-Grup-

pen, sogar ein »Liebigbilder-Händler-Verein«, der den Tausch organisierte. Schon 1895 (bis 1904) erschien eine »Monatsschrift für Liebig-Bilder-Sammler«, 1896 eine »Illustrierte Liebigbilder-Zeitung«, Kataloge systematisierten das Sammeln, private Sammler-Zirkel ergänzten das System. Heute gibt es »Blätter für Bildersammler, private Mitteilungen für ernsthafte Sammler und bilderausgebende Firmen«, viermal im Jahr herausgegeben von Paul Münster. Josef Diersen bemüht sich in privaten Korrespondenzen um die Kommunikation zwischen den leidenschaftlichen Sammlern (vgl. Anhang. Die Abbildungen auf den Seiten 15 und 16 stammen aus dem Archiv Paul Münster.)

Ein verschworener Club von Sammlern, viele kennen einander oder korrespondieren untereinander. Vollständigkeit der Sammlung hat unseres Wissens keiner erreicht. Vielleicht helfen die Angaben im Anhang, daß ein Tausch (und ein Austausch von Meinungen) zustande kommt.

Oft genug geschieht es uns, daß wir auf einem Flohmarkt eine »Entdeckung« machen. Wir haben uns fest vorgenommen, nur noch die Motive Kinder und Zirkus zu sammeln und erinnern uns daran, daß wir nichts anderes kaufen wollen – und zuhause wird dann doch gebeichtet, was man wieder heimlich erstanden hat.

Ein faszinierendes Sammelgebiet! Wir hoffen, daß Sie ein Stückchen dieser Faszination gespürt haben und in diesem Buch anschaulich entdecken.

Andreas & Angela Hopf
München, Winter 1979

Kochkunst und Küche

Kleine Küchengarde (299) 1895

2. — Schlecht der Besuch; nun sind wir ruinirt!

GESETZL. GESCHÜTZT. SIEHE RÜCKSEITE.

3 — Der kluge Küchenchef, schon weiss er Rath.

GESETZL. GESCHÜTZT. SIEHE RÜCKSEITE.

4. — Ei wie so bald sich das geändert hat!

GESETZL. GESCHÜTZT. SIEHE RÜCKSEITE.

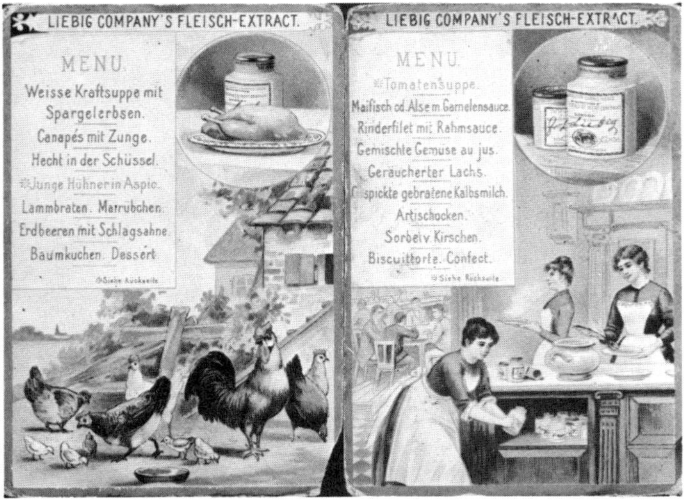

Köche und Köchinnen I (82 e) ca. 1884
Speisekarten (139 b, c) 1889

Linke Seite: *Wirt und Küchenchef* (518 2, 3, 4) 1901

BOUILLON
LIEBIG
Company's Fleisch-Extract
SIEHE RÜCKSEITE.

FISCH
LIEBIG
Company's
FLEISCH-EXTRACT.

LIEBIG
Company's Fleisch-Extract

Speisenfolge
(195 a, b, c, d, e, f) 1891

Küche und Kochkunst (850) 1912

Mit Liebig durch das Jahr

Die Tage der Woche (657) 1905

Der Tierkreis (382 VII/VIII, IX/X) 1897

Der Zeitenwechsel (618) 1904

Wetterarten (616 2, 3, 4, 6) 1904

Geschichte des Weihnachtsbaumes (499 2, 3, 4, 6) 1901

Die Farben des Regenbogens (492) 1901
Rechte Seite: *Lichterscheinungen* (369) 1897

Lichterscheinungen.
Alpengespenst.
LIEBIG COMPANY'S FLEISCH-EXTRACT.
Siehe Rückseite.

Lichterscheinungen.
Mondschein.
LIEBIG COMPANY'S FLEISCH-EXTRACT.
Siehe Rückseite.

Lichterscheinungen
Komet.
LIEBIG COMPANY'S FLEISCH-EXTRACT.
Siehe Rückseite.

Mondscheinepisoden (303) 1895

Die Soldaten kommen

Heer V (100 c, e)

Spezialtruppen (380) 1897
Berühmte Regimenter (454) 1900

Von den Ufern des Rheins (549) 1902
Bilder aus dem Seemanöver (523) 1902

LIEBIG COMPANY'S FLEISCH-EXTRACT UND-PEPTON.
Bismarck –
Der Deichhauptmann, Schönhausen, 1846.
Gesetzl. geschützt.
Siehe Rückseite.

LIEBIG COMPANY'S FLEISCH-EXTRACT UND-PEPTON.
Bismarck – Berathung mit Moltke über die Militair-Reorganisation, Berlin, 1863.
Gesetzl. geschützt.
Siehe Rückseite.

LIEBIG COMPANY'S FLEISCH-EXTRACT UND-PEPTON.
Bismarck – Im Reichstage, 6. Febr. 1888.
„Wir Deutsche fürchten Gott, aber sonst nichts in der Welt."
Gesetzl. geschützt.
Siehe Rückseite.

Orden I (372 e) 1897
Linke Seite: *Bismarck* (421) 1898

Festlichkeiten im Altertum (494) 1901

Illustre Leute

Berühmte Fürstinnen (321 1) 1896

Berühmte Komponisten (241) 1893

Deutsche Bühnendichter (357) 1897

Astronomen (666) 1906

Gelehrte und Erfinder (428 b, c) 1899

Nächste Seite: *Berühmte Maler* (322) 1896
Berühmte Bildhauer (352) 1897
Berühmte Dichter (393) 1898

BERÜHMTE MALER.
ITALIEN.
geb. 1483
RAFAEL SANTI ✝ 1520.
geb. 1477 TIZIAN VECELLIO ✝ 1576.
LIEBIG COMPANY'S FLEISCH-EXTRACT.
Siehe Rückseite.

Berühmte Bildhauer.
Deutschland.
CHRISTIAN RAUCH,
geb. 1777, gest. 1857.
ANDREAS SCHLÜTER
geb. 1664, gest. 1714.
LIEBIG COMPANY'S FLEISCH-EXTRACT.
Siehe Rückseite.

Berühmte Dichter.
Skandinavien.
H. CHR. ANDERSEN,
geb. 2. April 1805, gest. 6. Aug. 1875.
HENRIK IBSEN,
geb. 20. März 1828.
LIEBIG COMPANY'S FLEISCH-EXTRACT.
Siehe Rückseite.

Durch die weite Welt

Pässe der verschiedenen Nationen (32 a, h) 1878–83, ca. 1881

Der Rhein von Bingen bis Coblenz
Panorama aus der Vogelschau mit Ansichten von anliegenden Ortschaften u. Burgen.
LIEBIG COMPANY'S
FLEISCH-EXTRACT
Ehrenbreitstein.
Schl. Stolzenfels.
Die Mosel
Coblenz
Ehrenbreitstein.
Pfaffendorf.
Horchheim
Die Lahn
Eisenbahn.
Gesetzl. geschützt.
Siehe Rückseite.
Boppard.
Rhens
Filsen
Kamp
Kamphausen
Boppard
St. Martinskapelle
Die Marxburg.
Gesetzl. geschützt.
Siehe Rückseite.
Die Katz
Ruine Rheinfels
Salzig.
Fleckerts Höhe.
Ndr. Kestert
Ober Kestert
Ehrenthal
Wellmich.
Die Maus.
Wellmich u. d. Maus
Werlau
Gesetzl. geschützt.
Siehe Rückseite.

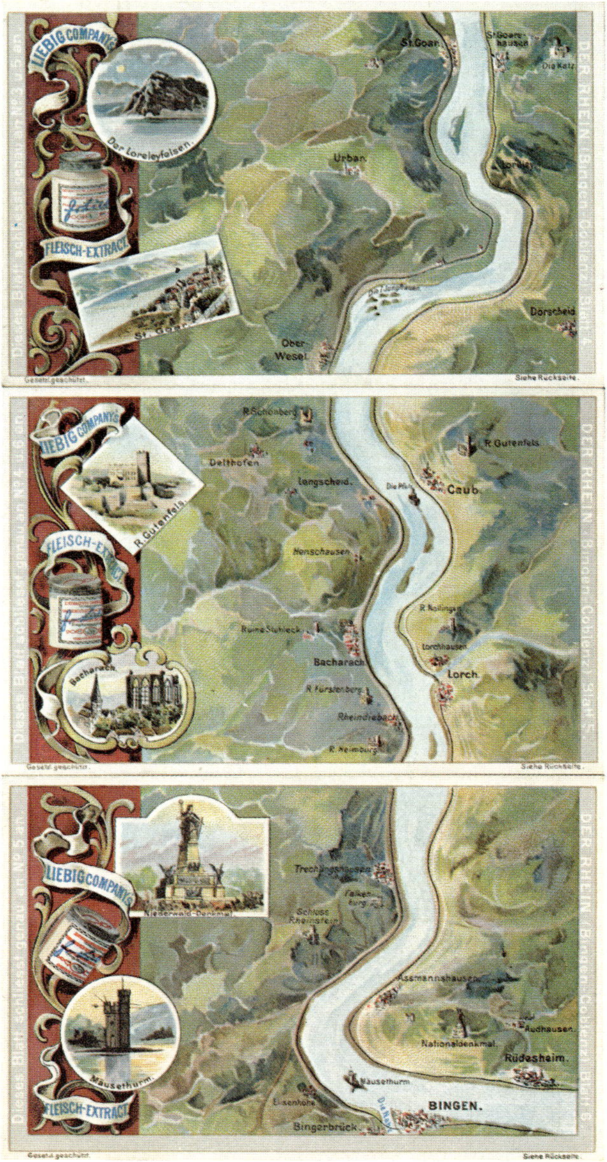

Der Rhein von Bingen bis Coblenz (508) 1901

Bayerische Königsschlösser (392) 1898
Rechte Seite: *Städteansichten I* (340 a, c, f) 1896

LIEBIG COMPANY'S FLEISCH-EXTRACT.
ANTWERPEN.
Siehe Rückseite

LIEBIG COMPANY'S FLEISCH-EXTRACT.
EDINBURG.
Siehe Rückseite

LIEBIG COMPANY'S FLEISCH-EXTRACT.
VENEDIG.
Siehe Rückseite

Briefmarken I (355 a) 1897
Briefmarken III (456 a) 1900

Berühmte Höhlen (453) 1900

Wintersport I (347) 1896

Der Mensch erobert seine Umwelt

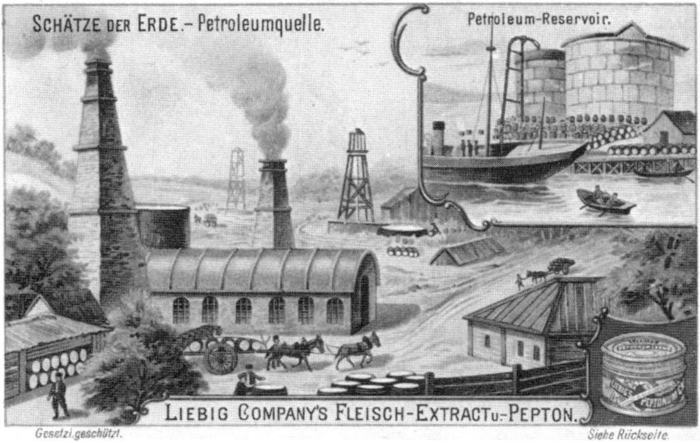

Schätze der Erde (471) 1900

Fischfang II (426) 1899
Die Zuckerfabrikation (480) 1900

Hühnervögel (534) 1902
Industriepflanzen (537) 1902

Die Luftschiffahrt (468) 1900
Die Entwicklung der Schiffahrt (293) 1895

Was das Herz bewegt

Was das Herz bewegt (664) 1905

Der Traum (514) 1901

Der Traum (514) 1901

Wenn man allein ist,
wenn man zu zwein ist, u.s.w. (236) 1892

Biblische Geschichten II (39 d, f) ca. 1883

LIEBIG COMPANY'S FLEISCH-EXTRACT.
HÖHERE TOCHTERSCHULE.
MUSIK
Kinder werden Leute.
Siehe Rückseite.

LIEBIG COMPANY'S FLEISCH-EXTRACT
3. BACKFISCH.
Kinder werden Leute.

LIEBIG COMPANY'S FLEISCH-EXTRACT.
BRAUT
Kinder werden Leute.

Kinder werden Leute (298) 1895

Sinnbilder (194) 1891

Zirkus, Zauber, Carneval

Zirkusbilder II (203 e) 1891

Zirkusbilder II (203 a, b, c, f) 1891
Rechte Seite: *Specialitäten-Theater I* (283) 1894

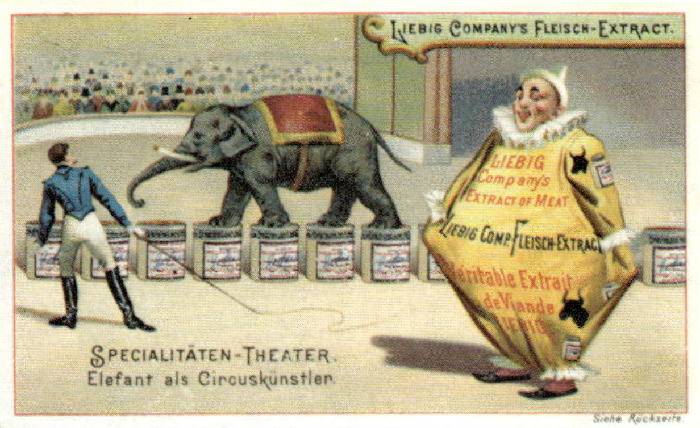
LIEBIG COMPANY'S FLEISCH-EXTRACT.
LIEBIG Company's EXTRACT OF MEAT
LIEBIG COMP. FLEISCH-EXTRACT
Véritable Extrait de Viande LIEBIG
SPECIALITÄTEN-THEATER.
Elefant als Circuskünstler.
Siehe Rückseite.

LIEBIG COMPANY'S FLEISCH-EXTRACT.
SPECIALITÄTEN-THEATER.
Kunstschütze.
Siehe Rückseite.

LIEBIG COMPANY'S FLEISCH-EXTRACT.
SPECIALITÄTEN-THEATER.
Taubenkönigin.
Siehe Rückseite

Zirkusbilder I (123 d, f) 1888
(a Jongleur, b Seilkünstler, c Akrobat, e Hundedressur)

Pierrot als Langfinger (278) 1894

Enthüllte Zauberkünste (269) 1894

LIEBIG COMPANY'S FLEISCH-EXTRACT.
Erklärung siehe Rückseite.
ENTHÜLLTE ZAUBERKÜNSTE: Der redende Kopf.

Enthüllte Zauberkünste- Der Magnetismus.
Erklärung siehe Rückseite.
LIEBIG COMPANY'S FLEISCH-EXTRACT.

ENTHÜLLTE ZAUBERKÜNSTE - DIE NAJADE.
Erklärung siehe Rückseite.
LIEBIG COMPANY'S Fleisch-Extract.

Karnevalsserenaden (403) 1898

Karnevalsserenaden (403) 1898

Maskenbilder V (249) 1893

Unsere lieben Kinder

Kinderministerien (271) 1894

Kinderministerien (271) 1894
Rechte Seite: *Kinderheer* (467 b, c, f) 1900

LIEBIG Company's Fleisch-Extract und-Pepton.
INSPECTION
GESETZL. GESCHÜTZT.
SIEHE RÜCKSEITE.

LIEBIG Company's Fleisch-Extract und-Pepton.
RECOGNOSCIRUNG
GESETZL. GESCHÜTZT.
SIEHE RÜCKSEITE.

LIEBIG Company's Fleisch-Extract und-Pepton.
PARADE
GESETZL. GESCHÜTZT.
SIEHE RÜCKSEITE.

Sprichwörter II, Kinderscenen (230) 1892

Am Strande (697) 1907

Puppenstube (137) 1889

Puppenstube (137) 1889

Handschatten I (214 e, c) 1892

Handschatten II (245 e, d) 1893

Volkslieder V (475) 1900
Die Schule (545) 1902

Jugendzeit (597) 1904
Physikalische Spielereien (654) 1905

Spielkarten (196) 1891

Rätselbilder

Rebus II (138 b, a) 1889

Vexierbilder XIX (416 f) 1898

Vexierbilder XIX (416 e) 1898

Verkehrte Welt (118) 1888

Verkehrte Welt (118) 1888

Vexierbild: *Suche den Hund und die Ente.* Nicht im Spielhagen.
Vexierbilder I (87 c) 1887

Beseelte Blumen und Schmetterlinge

Floras Kinder (294) 1895

Blumenkinder (394) 1898

Schmetterlinge III (192 a, b, c, e) 1891

Schmetterlinge II (168 b, c, e, f) 1890

Schmetterlinge II (168 a) 1890

Blumengeister I (524) 1902

Blumengeister II (524) 1902

Blumensprache IV (396 a, c, d, e) 1898

Märchen und Sagen

Schneewittchen (305) 1895

„Tischlein deck' dich, Esel streck' dich, Knüppel aus dem Sack."
2. Der Schreiner wird vom Wirth belauscht,
Der ihm das Tischlein dann vertauscht.
Liebig Company's Fleisch-Extract.
Siehe Rückseite.

„Tischlein deck' dich, Esel streck' dich, Knüppel aus dem Sack."
4. Viel Gold dem zweiten der drei Brüder
Der Esel schenkt - der Wirth stiehlt wieder.
Liebig Company's Fleisch-Extract.
Siehe Rückseite.

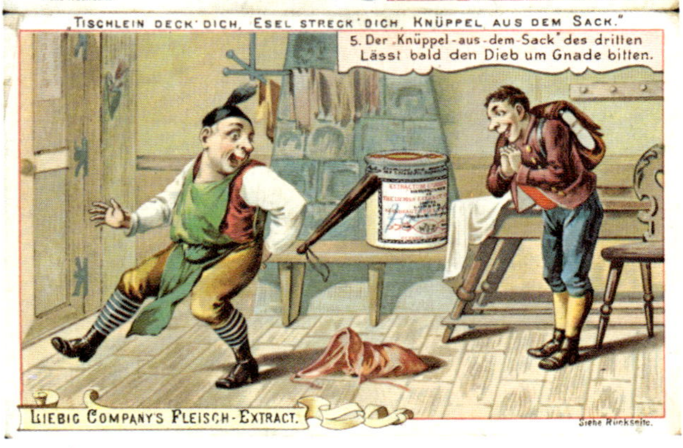
„Tischlein deck' dich, Esel streck' dich, Knüppel aus dem Sack."
5. Der „Knüppel-aus-dem-Sack" des dritten
Lässt bald den Dieb um Gnade bitten.
Liebig Company's Fleisch-Extract.
Siehe Rückseite.

Die sieben Raben und die treue Schwester (574) 1903
Linke Seite: *Tischlein deck dich* (259) 183

LIEBIG COMPANY'S FLEISCH-EXTRACT.
Die schöne Melusine. 3.
Der Graf entdeckt, dass Melusine an einem Tage der Woche Nixe sein muss.
Siehe Rückseite.

LIEBIG COMPANY'S FLEISCH-EXTRACT.
Die schöne Melusine. 4.
Melusine und ihre Kinder werden verstossen.
Siehe Rückseite.

LIEBIG COMPANY'S FLEISCH-EXTRACT.
Die schöne Melusine. 6.
Den in den Kreuzzug ziehenden Grafen umschwebt Melusine als Schutzgeist
Siehe Rückseite.

Der Rattenfänger von Hameln (376) 1897
Schwanhilde (472) 1900
Linke Seite: *Die schöne Melusine* (193) 1891

Nordische Göttersage (276) 1894

Oper, Operette, Schauspiel

Ashrael (175) 1891

Johann Strauß (503) 1901

Carmen (292) 1895

Tannhäuser (341) 1896
Theater Alt-Berlin II (343) 1896

Der Troubadour (659) 1906
Don Juan (707) 1907

Opernscenen IV (Karikaturen) (333 c, f) 1894

Kunst und Kunstgewerbe

Künste II (333 a) 1896

Weibliche Handarbeiten (769 d, f) 1910
Rechte Seite: *Kunstgewerbe II* (433) 1899

Kunstgewerbe.
Graphisches Gewerbe.
LIEBIG COMPANY'S FLEISCH-EXTRACT u. PEPTON.
Gesetzl. geschützt.
Siehe Rückseite.

Die Pflanze in der Kunst (605) 1904

Das Tier in der Kunst (614) 1904

DIE PUPPE.
Nº2. Die Köpfe werden gewachst.
LIEBIG COMPANY'S FLEISCH-EXTRACT.
Gesetzl. geschützt.
Siehe Rückseite.

LIEBIG COMPANY'S FLEISCH-EXTRACT.
DIE PUPPE.
Nº3. Das Frisiren der Puppen.
Gesetzl. geschützt.
Siehe Rückseite.

DIE PUPPE.
Nº4. Ankleideraum und Bemalen der Puppenköpfe.
LIEBIG COMPANY'S FLEISCH-EXTRACT.
Gesetzl. geschützt.
Siehe Rückseite.

Farben II (491) 1901
Linke Seite: *Die Puppe* (470) 1900

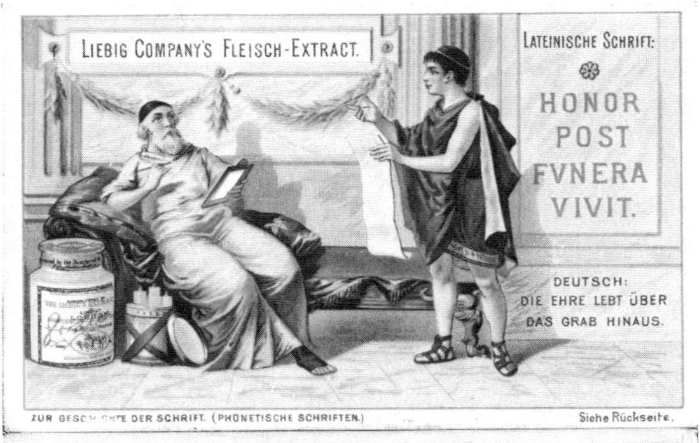

Zur Geschichte der Schrift II (Phonetische Schriften) (288) 1894
Zur Geschichte der Schrift I (Ideographische Schriften) (237) 1892

Buch und Schrift

Das Buch (397) 1898

Alphabet I (Frauenkostüme) (204f) 1892
Rechte Seite: *Alphabet IV* (weibliche Volkstrachten)
(449 b, c, m) 1898

Vornehme Chinesin
Liebig Company's
FLEISCH-EXTRACT u. PEPTON
Ungarin aus
Debreczin.
Siehe Rückseite
Ehefrau bei den
Eskimos
Blumenmädchen aus
Florenz.
Liebig Company's
FLEISCH-EXTRACT u. PEPTON
Siehe Rückseite
Dame aus
Yeddo (JAPAN)
Junges Mädchen aus
Zug (SCHWEIZ)
Compie Liebig

Alphabet III (männliche Volkstrachten) (387 c, e) 1898

Alphabet IV (weibliche Volkstrachten) (449 h, k) 1900

Städtenamen (309 1) 1895

Der Markt der Liebig Sammelbilder

Weitere Liebig-Beigaben

54 deutsche und 60 fremdsprachige Tischkarten; 135 deutsche und 258 fremdsprachige Menükarten in Serien; Klappbilder, Postkarten, Plakate, Transparentbilder zum Zusammenpassen von Diaphanien, Visitenkartentaschen, Zeitschriften und Zeitungen.

Kataloge

Tourteau, Frankreich, Janssens, Belgien, FADA/Fumagalli, Italien, v. d. Auwera, Belgien, Liebig, Italien, Dreser, Deutschland, Arnhold/Spielhagen, Deutschland, Sanguinetti, Italien, Gerstenkorn, Italien, Bolaffi, Italien, Stoppani, Italien, Cavallone, Italien

Interessant darunter besonders:

Arnhold/Spielhagen (praktisch eine Neuauflage des »Arnhold/Grundmann«), der im deutschen Sprachraum und auch in den Niederlanden und Belgien verbreitetste; der 1948 herausgegebene Katalog ist mit Variationen und Simplifizierungen aufgebaut auf Dreser und enthält die von 1872 bis 1940 in deutscher Sprache erschienenen insgesamt 1138 Serien.

Davon sind die Bilder der Serien bis ca. Nr. 600, Ausgabejahr 1904, einzeln näher beschrieben, um diese wegen ihrer z. T. etwas unklaren Bezeichnung besser einordnen zu können. Da sich bei den frühen Serien oft kein genaues Ausgabe-Datum bestimmen läßt, wurden von den Herausgebern der Kataloge bestimmte Serien zu einer »Ausgabe-Periode« zusammengefaßt. Arnhold/Spielhagen nahmen hierbei folgende Unterteilung vor (Nummern/Periode):

1	1872–1873	89–123	1887–1888
2–8	1873–1878	124–896	1889–1914
9–33	1878–1883	897–910	1914–1917
34–78	1883–1884	911–916	1918–1923
79–88	1884–1887	917–1138	1924–1940

Sanguinetti

Dieser enthält als einziger sämtliche je erschienenen insgesamt 1871 Serien aller Zeiten und Sprachen. Für alle ab 1940 in fremden Sprachen erschienenen Serien liegt bei Josef Diersen eine Übersetzung vor; für frühere Ausgaben wird eine solche vorbereitet. Außerdem ist eine vergleichende Nummern-Übersicht der wichtigsten Kataloge in Arbeit.

Dieser 315 Seiten starke, auf Hochglanz-Papier in DIN A4-Format gedruckte Sanguinetti-Katalog enthält im einzelnen:

- Bei allen 1871 Serien ist jedes Bild einzeln aufgeführt und beschrieben; dazu Angaben in welchen Sprachen und ob das Bild horizontal oder vertikal angelegt ist,
- bis Serie Nr. 608 (Arnold 448), Jahr 1900, ist zum besseren Auffinden aus jeder Serie ein Bild wiedergeben,
- bebilderte Angaben der nicht offiziell ausgegebenen Serien,
- Aufstellung und Preisangaben der 538 in Antwerpen herausgegebenen Serien; ebenso von 337 Serien in Italien, 116 Serien in Brasilien, 115 Serien in Rotterdam und von 12 Serien in Köln.

Preise

Die im Arnhold/Spielhagen-Katalog angegebenen Preise stammen von 1948 und beginnen mit 40 Pfennig, stimmen also heute nicht mehr. Man muß heute schon von der unteren Preislage bei DM 5,– ausgehen, wofür immerhin noch eine Menge Serien zu erstehen sind, so daß sich über eine längere Frist eine Sammlung darauf aufbauen läßt.

Da über die Auflagenhöhe der einzelnen Serien wenig bekannt wurde, hat sich erst im Laufe der Zeit durch das Spiel von Angebot und Nachfrage herausgestellt, welche Serien in einer geringen Auflage erschienen sind – was dann zu einer unterschiedlichen Preisgestaltung der einzelnen Serien führte, so daß sich die Preise, wenn auch stetig nach oben tendierend, doch im Verhältnis zueinander eingependelt haben.

Zwei Dinge sind es, die die Nachfrage nach den Bildern so enorm haben steigen lassen: Zum ersten ist es die sich allgemein ausbreitende Sammel-Leidenschaft, verbunden mit der Hoffnung auf eine Wertsteigerung der erworbenen Schätze. Das haben diese Bilder z. B. mit den Briefmarken gemeinsam. Zum anderen – und darin unterscheidet sich ein Großteil der Liebig-Sammler von den Briefmarkensammlern – wurde die einmalige Schönheit der in aufwendigen Verfahren hergestellten Bilder erst spät von einer größeren Interessenten-Gruppe entdeckt, die jetzt mit einer fast an Süchtigkeit grenzenden Leidenschaft nach diesen Bildern sucht.

Eine Bewertung der Liebig-Serien von 1–100 ist recht schwierig, hier werden Liebhaberpreise gezahlt. Der Wert der genannten Serien übersteigt den Gesamtwert der restlichen Liebig-Serien bei weitem.

Für Serien aus der Reihe 100–200 werden je nach Sammlerinteresse 8,– bis 25,– DM gezahlt.

Die folgenden Serien können durchschnittlich zwischen 2,– und 5,– DM erworben werden.

Der Preis für Nachkriegs-Liebig-Serien liegt oft schon bei 5,– DM. Eine vollständige Liebig-Sammlung dürfte heute einen Wert von rund 20 000,– DM haben.

Auf einer Auktion Frühjahr ’79 in München wurden 600 Bilder in zwei Original-Alben – obwohl die Serien meist nicht vollständig waren – für 450,– DM angeboten.

Die Liebig-Gesellschaft

Wurde im Jahre 1865 gegründet. Ausgehend von den Reklame-Aufschriften auf den Rückseiten der Bilder kann man annehmen, daß Liebig-Serien in 14 Ländern ausgegeben wurden, nämlich:

Belgien, Dänemark, Deutschland, England, Frankreich, Holland, Italien, Polen, Rußland, Schweden, Schweiz, Spanien, Tschechoslowakei, Ungarn.

Da die vorhandenen alten Original-Liebig-Alben bei weitem nicht den steigenden Bedarf decken, kamen passende Plastik-Alben auf den Markt. Diese – ähnlich den bekannten Luxus-Briefmarken- bzw. Münz-Alben – fassen 40 Serien und sind mit horizontalen oder vertikalen Einlageblättern zu haben. (Information Josef Diersen)

Liebig-Sammler: Adressen

Dhr. ANTHONISSENS, Fr., Zirkstraat 40, Antwerpen
Rudolf BIALLS, Am Brandhügel 24, 405 Mönchen-Gladbach
Ekkehard BREMSER, Im Neuengrabener Dorf 75, 2104 Hamburg 92
Gianclaudio CARLI, Via M. Macchi 48, Milano
Van DIJCK G., Kerkhoflei 63, Mechelen
K. H. ERNST, Lenaustr. 27, 1 Berlin 44
Dagmar ERWES, Landgutweg 40, 28 Bremen
Maison L. FUMAGALLI, Via Mazzini 6, Milano
Heinz J. GALLE, Th. Heussring 118, 509 Leverkusen
Peter GERLACH, Kameckestr. 35, 5 Köln 1
Wolfgang GRUBE, Brunekamp 9, 3 Hannover 51
Gerhard HASSE, Fasanenstr. 53, 1 Berlin 15
H. HENKEN, Schillerstr. 119, 2178 Otterndorf
F. JACOB, Kattenberg 77, Gent
Niels JAGD, Bonhofferstr. 5, 5132 Uebach-Pallenberg
Gerh. JORDE, Luitpoldstr., 8958 Füssen
Georg KARG, Rosenthalstr. 14, 845 Amberg
E. G. KNIGHT, 17 Lionel Road, Brentford, Middx. England
Hartmut L. KÖBERICH, Lumdastr. 25, 6301 Rahenau/Londorf
Oskar KUBETH, Cramerstraße 152, 287 Delmenhorst
Bernhard KÜBLER, Brunnenstr. 13, 784 Müllheim
Arnulf MEIFERT, Hartkortstr. 50, 2 Hamburg 50
Karl MUIK, Landgraf Philipps Anlage 42, 61 Darmstadt
Georg PATZER, John-Locke-Str. 18a, 1 Berlin 49
Ullrich PRUTZ, Salaterei 6, 31 Celle
Robert SACHSE, Wilhelmstr. 25, 7554 Kuppenheim
Maison SANGUINETTI, Via Mengoni 2, Milano
Karl-Herm. SCHEIBE, Spessartstr. 5, 1 Berlin 33
Horst SCHÖLER, Steubenstr. 11, 62 Wiesbaden
Harald SCHÜTTE, Hildesheimerstr. 266, 3 Hannover
Hans SKIBBE, Schlesische Straße 27, 1 Berlin 36
Rudolf STOBRAWE, Miesbachstr. 8, 8164 Hausham
»UNIEK« Heiman-Dullaertplein 41b, Rotterdam, Holland
E. VAUSEVENANT, Laurierstraat 9, B 8390 Knokke-Heist
Anne WAGNER, Am Rode 33, 46 Dortmund 1
Prof. Dr. Erich WASEM, Grundingerstr. 6, 8 München 60
WORLD WIDE COLLECTORS CLUB, 54 Keslak Road,
London N. W. 6
W. WURSTHORN, Edelbergstr. 27a, 75 Karlsruhe

Besonders zu danken haben wir abermals den wohl größten Fachleuten mit den bedeutendsten Sammlungen auf dem Gebiet der Liebig-Bilder für wichtige Informationen:
Paul MÜNSTER, Neue Hamburger Str. 67, 23 Kiel 1
Josef DIERSEN, Postfach 43, 2915 Saterland